Stephanie Lipp

Dein Segen bleibt bei mir

Zur Erstkommunion

Mit Bildern von Sieger Köder

Schwabenverlag

Du bist geborgen

Gesegnet bist du, weil Gott für dich nur das Beste will und dir nahe sein möchte. Diese Nähe verspricht Gott dir immer wieder. Vor allem in den letzten Monaten und Wochen hast du Gottes Nähe erfahren, als du dich zusammen mit deiner Familie und deinen Freundinnen und Freunden auf die Erstkommunion vorbereitet hast.

Bestimmt hast du die Nähe Gottes am Tag deines großen Festes gespürt: Erinnerst du dich an das Kribbeln vor Aufregung und gleichzeitig an die Vertrautheit der Freundinnen und Freunde in der Kirche? Erinnerst du dich an die feierliche Stimmung und die glänzenden Augen? Erinnerst du dich an das Gefühl, als du zum ersten Mal die Hostie schmecken durftest?

Am Tag deiner Erstkommunion warst du der Mittelpunkt deiner Familie und in deiner Gemeinde drehte sich der Gottesdienst nur um euch Erstkommunionkinder. Sicherlich ziehen jetzt auch schöne und besondere Bilder des Festes vor deinem inneren Auge auf:

- die feierlich geschmückte Kirche und die leuchtenden Kerzen,
- die lieben Gäste und die heiß ersehnten Geschenke,
- die herrlich gedeckte Festtafel und die feinen Kuchen.

Es ist schön, diese Bilder und Gefühle in Erinnerung behalten zu können. Schließe dazu einfach deine Augen und lasse den Tag noch einmal an dir vorbeiziehen. Nimm dir Zeit und präge dir alles gut ein. Jetzt kannst du das Fest deiner Erstkommunion immer wieder in deinen Gedanken aufleben lassen und dabei Gottes Segen spüren.

Gott ist dir aber nicht nur zur Zeit deiner Erstkommunion nahe. Sein Segen begleitet dich schon seit deiner Geburt und wird es dein Leben lang tun. Du kannst dir seinen Segen wie einen Bogen rund um dein Leben vorstellen, wie einen Regenbogen, unter dessen buntem Farbenspiel dein Leben gelingt und der dich von allen Seiten umgibt. Und sei dir sicher: Sein Segen bleibt bei dir!

Du bist willkommen

Warst du schon einmal ein paar Tage verreist? Zum Beispiel bei deinen Großeltern? Oder darfst du gelegentlich bei einer Freundin oder einem Freund übernachten? Vielleicht warst du mal einen ganzen Tag lang unterwegs und bist erst abends wieder nach Hause gekommen?

Dann weißt du, wie es ist, wenn dir dein Papa freudig die Tür aufmacht und deine Mama es nicht erwarten kann, dich in den Arm zu nehmen. Sie heißen dich herzlich willkommen und freuen sich, dich wieder bei sich zu haben.

Du bist ein Teil deiner Familie und wenn du eine Zeit lang unterwegs bist, wird allen ganz deutlich, dass du fehlst. Umso schöner sind dann das Wiedersehen und das warme Gefühl, das sich in dir ausbreitet: Ich bin willkommen!

In Gottes Familie bist du ebenso herzlich willkommen. Seit deiner Taufe bist du ein Teil dieser großen Familie aller Christinnen und Christen. Wenn du schon als Baby getauft wurdest, erinnerst du dich nicht mehr an deine eigene Taufe. Aber vielleicht durftest du ja schon die eine oder andere Taufe mitfeiern.

Dann weißt du, dass die Eltern vor der Taufe ihr Kind Gott anvertrauen und ihn darum bitten, ihrem Kind immer gut und nahe zu sein. Gott gibt dieses Versprechen gern.
In der Taufe wird das Versprechen feierlich besiegelt: Zuerst gießt der Pfarrer Taufwasser über den Kopf des Täuflings und sagt dabei: „Ich taufe dich im Namen des Vaters und des Sohnes und des Heiligen Geistes. Amen." Danach salbt der Pfarrer den Täufling mit Chrisam-Öl und bekräftigt damit: „Du gehörst jetzt zu Gottes Volk und du bist ein wichtiger Teil seiner Familie."
Schau dir einmal die Fotos von deiner Taufe an und lass dir von deiner ersten Feier in der Kirche erzählen. Bei diesem Fest hat Gott dir sein Versprechen gegeben: Ich halte dich und halte zu dir!

Hier kannst du erfahren, was mit dem Versprechen „Ich halte dich und halte zu dir!" gemeint ist. Vertraue dich Gottes Händen an und male dich in das Bild hinein! Gottes Hände heißen dich zärtlich willkommen.

Du bist getragen!

Mit deinem eigenen Bild in Gottes Händen gehen wir weiter unter Gottes Regenbogen: Als kleines Kind, als du noch im Kindergarten warst und auch jetzt in deiner Grundschulzeit hattest du bestimmt immer wieder das Gefühl, dass Gott dir nahe ist und dich trägt. Oder?

Wie war das damals, als du in dem großen Möbelgeschäft weggelaufen bist und nicht mehr zu Mama zurückgefunden hast?
Wie war das damals, als du in die 1. Klasse kamst und dachtest,

dass du auf dem riesigen Schulhof niemanden kennst? Und wie ist es heutzutage, wenn du vor einer Aufführung vor Anspannung zitterst oder dir eine Klassenarbeit Bauchschmerzen bereitet? Bestimmt war und ist immer jemand da und hilft dir. Mir hilft der Gedanke daran, dass Gott uns in seinen Händen trägt und wir darin geborgen sind.

Schau dir das Bild auf dieser Seite genauer an: Bunt und lebensfroh strahlen die Kinder uns an. Es geht ihnen prima. Ein Kind hat die Augen geschlossen. Wovon träumt es wohl gerade? So viel Gottvertrauen spricht aus diesem Bild. Ob die Kinder wohl spüren, wer sie da so vorsichtig trägt? Mädchen und Jungen kuscheln sich aneinander und gleichzeitig in große sanfte Hände. Wo möchtest du dich hineinschmiegen?

Behutsam werden die Kinder von diesen Händen getragen und bekommen sicheren Halt. Doch sehr zurückhaltend hat Sieger Köder diese Hände gemalt. Fast lösen sie sich im tiefen Blau des Hintergrunds auf. Sie wirken sehr leicht und sacht. Was hat das wohl zu bedeuten?

Versuch einmal, deine beiden Hände so zu halten wie auf diesem Bild. Da stimmt doch etwas nicht – oder kannst du deine linke Hand so drehen, wie es dargestellt wurde? Ich schaffe das nicht! Hat der Maler aus Versehen zwei rechte Hände gemalt? Das glaube ich nicht. Sieger Köder hat diese Hände ganz bewusst so gemalt, da er uns einen Hinweis geben will: Zum einen sind die Hände so zurückhaltend gemalt, weil wir Gott nicht sehen können. Wir müssen uns auf ihn einlassen und ihm vertrauen, dann können wir ihn spüren. Zum anderen schickt uns Gott seine Engel. Sie tragen uns sanft in ihren Händen. Sie sind um uns herum und sind jederzeit für uns da. Das kann deine Mama sein, die dich unermüdlich im Möbelhaus sucht, bis sie dich endlich gefunden hat. Das kann der Nachbarjunge sein, der dich beim Namen ruft und dir zeigt, dass du auf dem Schulhof nicht mehr fremd bist. Das kann immer und überall sein. Gottes Engel tragen dich!

Du gehörst dazu

Unter Gottes großem Bogen bist du nicht allein. Wir Menschen leben in Gemeinschaften. Und wie in jeder Familie kann es schon mal zu Meinungsverschiedenheiten kommen, vor allem zwischen Erwachsenen und Kindern. Diese Bibelgeschichte kommt dir sicher bekannt vor:

Einmal war Jesus mit gelehrten Männern in ein Gespräch vertieft. Als Mütter mit ihren Kindern daherkamen und zu Jesus wollten, ereiferten sich die Jünger: „Was wollt ihr mit den schreienden Kindern bei Jesus? Die Kinder verstehen sowieso noch nicht, was Jesus sagt. Geht weg, ihr stört!" Doch Jesus wies seine Jünger zurecht: „Lasst die Kinder zu mir kommen!" Er winkte die Kinder zu sich, nahm sie in die Arme, legte ihnen die Hände auf und segnete sie. *(Nach Markus 10,13–16)*

Jesus sicherte den Kindern einen Platz in seiner Gemeinschaft zu. So will auch die Kirchengemeinde die Kinder willkommen heißen. Bis vor kurzem hast du ja selbst noch zu den Kindern gehört, die sich beim Kommuniongang der „Großen" einen Segen abholen durften. Dir wurde ein Kreuz auf die Stirn gezeichnet und ein guter Zuspruch gesagt:

– Gott hat dich lieb! Gott schütze dich!
– Der liebe Gott segnet und behütet dich!

Solche Segensworte wurden dir sicher auch schon mit auf den Weg gegeben. In der Kirche, im Kindergarten oder beim Einschulungsgottesdienst vertrauen wir euch Kinder immer wieder dem Segen Gottes an. Ganz so, wie es Jesus mit den Kindern seiner Zeit getan hat.

Und nun gehörst auch du zu den „Großen"! Seit deiner Erstkommunion darfst du an der Mahlgemeinschaft Jesu teilhaben. So wie Jesus beim letzten Abendmahl das Brot mit seinen Jüngern geteilt hat, versammelt sich die Gemeinde und teilt das Brot Jesu in Erinnerung daran. Es ist ein Zeichen dafür, dass Gott bei uns ist und uns Kraft für unser Leben gibt.

Wenn wir zusammenkommen, um bei der Kommunion die Freundschaft und Nähe Gottes zu erleben, erfahren wir Gemeinschaft. Diese Gemeinschaft macht die Freude größer, wenn wir etwas zu feiern haben. Sie macht aber auch die Angst kleiner, wenn wir traurig sind. Das tut gut – und du gehörst dazu!

Du bist gesegnet

Wie viele Regenbogen hast du im letzten Jahr gesehen? Einen, zwei, ... mehr als fünf? Ein Regenbogen entsteht immer dann, wenn dunkle Wolken, Regen und die Sonne zusammenkommen: Durch das Licht der Sonne und den Wasserschleier des Regens entsteht das bunte Farbenspiel des Regenbogens. Er leuchtet rot, orange, gelb, grün, blau und lila. Weil es nun einmal nicht

so oft gleichzeitig regnet und die Sonne scheint, gibt es so selten einen Regenbogen. Er ist dafür umso faszinierender.

Für Noach, der allein mit seiner Familie und den Tieren in seiner Arche eine schlimme Sintflut überlebt hatte, hat der Regenbogen eine ganz besondere Bedeutung bekommen:

Gott gibt Noach nach der Sintflut ein Versprechen: „Ich verspreche euch: Nie mehr wird eine Flut kommen, die das ganze Leben auf der Erde vernichtet. Der Regenbogen ist das Zeichen meiner Freundschaft. Wenn sich die Wolken zusammenbrauen und der Regenbogen in den Wolken erscheint, dann denke ich an mein Versprechen." *(Nach Genesis 6–9)*

Der Regenbogen mit seinen bunten Farben ist seitdem ein Zeichen für die Freundschaft zwischen Gott und uns Menschen. Er ist da und geht mit uns durchs Leben. Wie der Regenbogen am Himmel steht, so ist Gottes Segen über uns. Diesen Segensspruch möchte ich dir ans Herz legen: Gottes Regenbogen möge immer über deinem Leben stehen. Er tröste dich und mache dir Mut, das Leben zu entdecken.

Gott segne dich
mit dem kräftigen ROT der Liebe und Begeisterung,
mit dem leuchtenden ORANGE der Freude und der Lebenslust,
mit dem warmen GELB der Geborgenheit und des Vergehens,
mit dem satten GRÜN des Werdens und der Hoffnung,
mit dem tiefen BLAU der Tränen und des unendlichen Himmels,
mit dem zarten LILA der Träume und der Zärtlichkeit.
Gott segne dich mit der Fülle des Lebens. Amen.

Mit schwarzem Filzstift habe ich mir diesen Segen auf ein Transparentpapier geschrieben. Dann habe ich mit leuchten-

den Buntstiftfarben einen Regenbogen darüber gemalt. Aus Tonpapierstreifen klebte ich noch einen Rahmen darum. So entstand ein strahlendes Fensterbild. Es erinnert mich so jeden Tag an Gottes Liebe und Treue.
Ich freue mich schon darauf, die Farben des Regenbogens an deinem Fenster zu entdecken!

Du bist ein Segen

An den Enden des Regenbogens ist ein Schatz versteckt. Dort, wo der Regenbogen die Erde berührt, muss man suchen. Von diesem geheimnisvollen Ort berichten die Erzählungen der Völker schon seit ewigen Zeiten, aber gefunden hat den Schatz bisher noch niemand. Was meinst du, willst du dich beim nächsten Regenbogen auf die Suche machen?

Auf eine ähnliche Suche machten sich die zwei Mönche in folgender Geschichte:

Es waren zwei Mönche, die lasen miteinander in einem alten Buch, am Ende der Welt gäbe es einen Ort, an dem der Himmel und die Erde sich berühren. Sie beschlossen, ihn zu suchen und nicht umzukehren, ehe sie ihn gefunden hätten. Sie durchwanderten die Welt, bestanden unzählige Gefahren, erlitten alle Entbehrungen, die eine Wanderung durch die ganze Welt fordert, und alle Versuchungen, die einen Menschen von seinem Ziel abbringen können.
Eine Tür sei dort, so hatten sie gelesen, man brauche nur anzuklopfen und befinde sich bei Gott. Schließlich fanden sie, was sie suchten, sie klopften an die Tür, bebenden Herzens sahen sie, wie sie sich öffnete,

und als sie eintraten, standen sie zu Hause in ihrer Klosterzelle. Da begriffen sie: Der Ort, an dem Himmel und Erde sich berühren, befindet sich auf der Erde, an der Stelle, die Gott uns zugewiesen hat.

Die Stelle, an der sich Himmel und Erde berühren, ist der Ort, an dem wir gerade sind. Hier kommt es zu einer Berührung zwischen Gott und uns Menschen. Egal, wo wir uns gerade befinden. Und du hast das auch schon erlebt:

- als du der neuen Mitschülerin einen Tag lang alles gezeigt und erklärt hast, bis sie dankbar lächelte,
- als du nach einem schlimmen Streit den ersten Schritt auf deinen Freund zugemacht hast und er dir erleichtert die Hand gab,
- als du nach so langer Vorbereitung im Kreis deiner Freundinnen und Freunde die Kommunion empfangen durftest,

Fallen dir noch mehr Beispiele ein, bei denen es im ganzen Körper zu kribbeln beginnt? Wird es dir auch so warm ums Herz? Jede und jeder von uns kennt Situationen, in denen sich Himmel und Erde berühren. Wir müssen uns nur bewusst machen, dass wir nicht alleine sind. Gott ist bei uns und wenn wir uns auf ihn einlassen, sind wir ihm unsagbar nahe. Wir müssen uns also auf keine weite Reise machen und nicht lange suchen.

- Wo wir helfen und Gutes tun,
- wo wir aufeinander zugehen und Frieden stiften,
- wo wir in Gottes und Jesu Namen versammelt sind und unsere Gemeinschaft feiern,

da finden wir unseren größten Schatz: Gottes Nähe. Lass dich von diesem Schatz, dem Segen Gottes, beflügeln! Gott verspricht dir: Mein Segen bleibt bei dir.